D1866358

Das Leben mög' mit vollen Händen
nur Gutes für die Zukunft spenden.

Zum Geburtstag
die besten Wünsche.

Gerlinde und Erich

21. Januar 2002

Helmut Zöpfl

Viel Glück auf deinem Weg

Helmut Zöpfl

Viel Glück auf deinem Weg

Fotografie: Andreas Beck, Udo Haafke, Norbert Eisele-Hein, Klaus G. Förg, Roland Schick, Kurt Schubert, Ernst Wrba

rosenheimer

Ich wünsch dir
früh gleich beim Erwachen
einen Gedanken für den Tag,
der dich als guter Wegbegleiter
dann durch denselben führen mag.
Ein Motto könnt zum Beispiel lauten:
Gib jedem Tag, der neu erwacht,
die Chance, dass er sich zum schönsten
von allen deinen Tagen macht.

Ich wünsch dir lustige Ideen,
Gedanken, bunte, allezeit,
die munter durch den Kopf dir gehen
bei jeglicher Gelegenheit.
Dass Fragen dich lebendig halten,
damit du froh die Zeit vertreibst.
Freude am Neuen und am Alten,
damit du jung der Alte bleibst.

Ich wünsch dir einen bunten Drachen,
der immer über dir dann schwebt,
wenn du versinkst in Alltagssachen,
der dich kurz über diese hebt.

Ich wünsch dir Heiterkeit des Schwebens,
Gelassenheit und viel Humor.
Sie sind der Schwimmgürtel des Lebens,
für das, was ist und steht bevor.

Ich wünsch dir, ist der Weg mal länger,
für deinen Pfad ein frohes Lied.
Viel leichter fällt der Weg dem Sänger,
der fröhlich durch die Lande zieht.

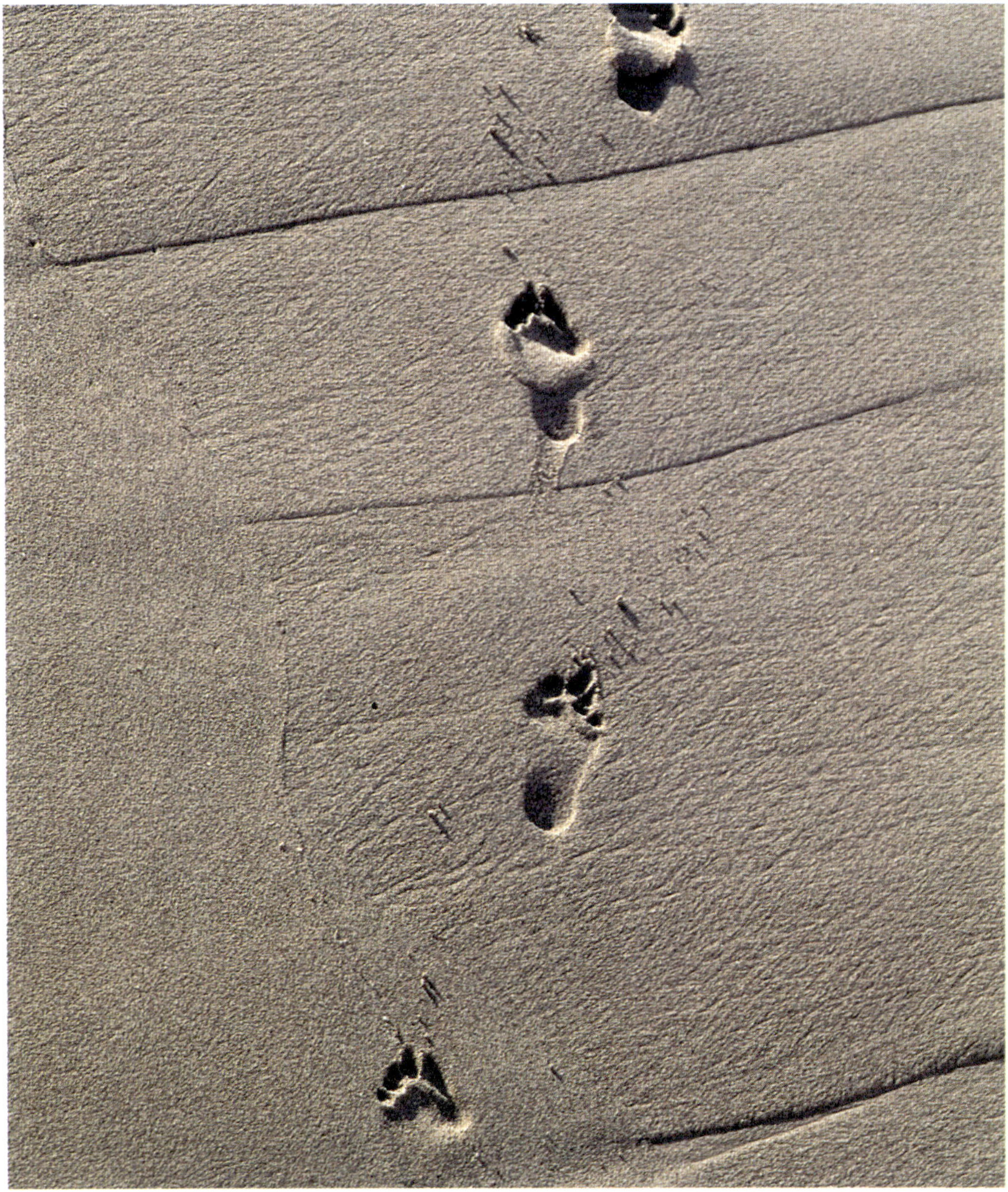

Ich wünsch,
dass dich dein Weg in Weiten,
heraus aus mancher Enge treibt.
Und dass dir dennoch alle Zeiten
die Chance auch zur Umkehr bleibt.

Ich wünsch dir Zeit und nicht nur Eile,
nicht Tempo ohne Ruh und Rast.
Ich wünsch dir, dass du gute Weile
für dich und deine Freunde hast.

Ich wünsch dir Zeit nicht nur zum Sehen,
auch zum Betrachten und zum Schaun,
zum Umsehn, Einsehn und Verstehen,
worauf man in der Zeit kann baun.

Ich wünsch,
dass du vernimmst tagtäglich
des Lebens schöne Melodie.
So viele suchen nur vergeblich
und finden Zeit zu lauschen nie.
Sie hören nur im großen Ganzen
der schönen Welt Disharmonie,
erkennen nur die Dissonanzen.
Du aber hör die Symphonie!

Ich wünsche dir, wenn du gefangen
noch scheinst in allzu bangen
Gedanken, du kannst dich erheben
und aus dem grauen Alltag schweben.

Schau einfach runter aus den Höhen,
und schon wirst du mit Lächeln sehen,
wie lächerlich dir die erscheinen,
die sich selbst als die Größten meinen.

Ich wünsch, dass oft aus Kindertagen
ein gutes Lied herüberklingt,
das dir, bist du mal am Verzagen,
Geborgenheit und Hoffnung bringt.
Ich wünsch, dass alle guten Worte,
die du vernahmst aus Mutters Mund,
dir klingen nach an jedem Orte
zu jeder Zeit, zu jeder Stund.

Ich wünsch dir gute, sanfte Hände,
mit denen du oft Wärme spürst.
Ich wünsche dir zwei starke Arme,
womit den, der dich braucht, du führst.

Ich wünsche dir für dunkle Nächte,
dass du stets doch das Licht entdeckst
und immer auch ein Fünkchen Hoffnung,
mit dem du neuen Glauben weckst.

Ich wünsch dir immer eine Quelle,
die an dem Felsen munter fließt,
aus der du froh das Frische, Helle
mit jedem neuen Schluck genießt.

Ich wünsch dir einen tiefen Brunnen
mit Wasser, bis zum Grunde klar,
aus dem du schöpfen kannst im Leben
gute Gedanken immerdar.

Ich wünsch dir oft ein Fragezeichen,
welches dein Denken neu anregt,
dass es sich immer wieder aufmacht,
in neuen Bahnen sich bewegt.

Ich wünsche, dass du jeden Abend
dir sagst: »Der Tag war interessant.
Ich hab dazugelernt was Neues,
das ich bis heut noch nicht gekannt.«

Ich wünsch, du kannst zu allen Zeiten
vom Maulwurfshügel unterscheiden
den hohen Berg und umgekehrt,
damit dir niemals widerfährt,
dass du, was wesentlich, vergisst
vor dem, das gar nicht wichtig ist.

Ich wünsch dir, dass du das Notwendige
erkennst und es, wenn's Zeit ist, tust.
Ich wünsch dir aber auch den Gleichmut,
dass du, wo's Not tut, ruhig mal ruhst.
Der ist der wahre Lebenskünstler,
der überm Wichtigen nicht vergisst,
dass sehr viel Freude bringt im Leben,
was scheinbar überflüssig ist.

Ich wünsche dir, du sollst entdecken,
wie Großes kann im Kleinen stecken.
Ein Grashalm, wenn man darauf achtet,
birgt Wunder mehr, genau betrachtet,
als Bauten, die sich stolz erheben:
weil in ihm wirkt die Kraft vom Leben.

Ich wünsch, dass deine Energien,
die in dir stecken, du stets nützt:
die Phantasie in voller Ladung,
die stets neue Ideen blitzt.
Die Kernenergie der Liebe,
die alles überwinden kann,
die Freude, die das Weltgetriebe
als Urkraft immer neu treibt an.

Ich wünsch dir,
dass du Schwierigkeiten,
auf die ein jeder von uns stößt,
beiseite räumen kannst beizeiten
und dass Probleme du gut löst.
Dazu wünsch ich dir auch die Einsicht,
mit der bei Hürden du begreifst,
dass du bis an dein Lebensende
an Schwierigkeiten wächst und reifst.

Ich wünsch dir nicht zu viele Steine,
die man in deinen Weg dir legt.
Und doch wünsch ich dir auch das Eine,
dass dich stets der Gedanke trägt:
Man kann zuweilen mit den Steinen,
wenn wir auf unsere Kraft vertraun,
auch Stufen, ja auch eine Treppe,
die uns nach oben leitet, bauen.

Zu guten und zu schlechten Zeiten
für sämtliche Gelegenheiten
wünsch ich dir stets, es soll dir glücken,
ein böses Wort zu unterdrücken.
Schluck's einfach von der Zunge runter.
Dafür erfinde froh und munter
ein neues Wort, das beispielsweise
nur »Gugelwugelzwugel« heiße.
Denn niemand gibt's, der den anklagte,
der »Gugelwugelzwugel« sagte.

Ich wünsch dir Zeit bei aller Eile
und nie im Leben Langeweile.
Mach einfach zum Last-Minute-Preise
mit den Gedanken eine Reise.
Bei diesem Reise-Unternehmer
reist billig du und viel bequemer
und ganz gefahrlos durch die Räume
auf Flügeln deiner bunten Träume.

Ich wünsch, dass du an allen Zeiten,
die dir das Jahr schenkt jedes Jahr,
erspürest die Gelegenheiten
und das Besondere nimmst wahr.

Dass du, erfüllt vom heutgen Glücke,
doch auch das Kommende nicht scheust,
dass du genießt die Augenblicke
und dich auch auf das Neue freust.

Ich wünsch dir Ohren, die des Lebens
geheimnisvolles Lied verstehn.
Ich wünsch dir Augen, die im Kleinen
die vielen großen Wunder sehn.

Ich wünsch dir eine gute Nase,
die neue Düfte stets entdeckt.
Ich wünsch dir einen zarten Gaumen,
der viele Köstlichkeiten schmeckt.

Ich wünsche dir die rechte Würze
bei jeglicher Gelegenheit.
Und dass du eine rechte Auswahl
für deine Speisen hast bereit.
Ein wenig Salz, ein wenig Pfeffer,
ein wenig Curry, Zimt, und, und …
Das »Wenig« macht die rechte Prise,
denn allzu viel ist ungesund.

Vagen
Burschenvere
Vagen
D'Godbachler

Ich wünsch dir, dass du dich erinnerst
an deine eigne Kinderzeit
und dass du schlüpfest mal zumindest
für kurze Zeit in dieses Kleid.

Dass manches,
was dir damals wichtig
erschien, du nicht vollständig
jetzt vergisst.
Vielleicht ist heute
auch noch richtig,
was wahr dir einst
erschienen ist.

Ich wünsche, dass du nie vergisst,
dass du, du, du einmalig bist.
Es gab auf unsrer Erde hier
nie ganz dasselbe, Pflanze, Tier,
sie sind einmalig. Dieser Strauch,
das Blatt darum, die Blüte auch,
der Vogel, Hund, der Frosch, das Gnu
und ganz besonders bist es du.

Es dreht nach allbekannter Weise
hier auf der Erde sich das Jahr.
Die Erde dreht sich selbst im Kreise
und um die Sonne wunderbar.
Es dreht die Kugel sich beim Spielen.
Es dreht sich auch das Karussell.
Es dreht sich vieles um so vieles,
einmal ganz langsam, einmal schnell.
Es dreht im Winde sich die Mücke.
Es dreht das Rad, der Kreisel sich.
Meine Gedanken und Gefühle
jedoch drehn sich stets nur um dich.

KASSE

Der Herr mög immer vor dir sein,
wohin du magst auch reisen,
um dir mit seiner guten Hand
den rechten Weg zu weisen.

PICO RUIVO
ALT

Der Herr sei immer hinter dir,
um dich vor den Gefahren
von Heimtücke und Hinterlist
des Bösen zu bewahren.

Der Herr sei immer um dich her,
wohin du magst dich wenden,
um dann, wenn du sehr traurig bist,
dir seinen Trost zu spenden.

Der Herr steh immer unter dir,
damit du musst nicht bangen,
um dich im Falle eines Falls
behutsam aufzufangen.

Der Herr sei immer über dir,
wo du dich magst bewegen.
Du stehst, was dann auch kommen mag,
stets unter seinem Segen.

Fotografie:
Andreas Beck, Beuron: S. 7, 35
Norbert Eisele-Hein, München: S. 2, 9, 25, 39, 47, 77
Klaus G. Förg, Rosenheim: S. 17, 19, 27, 31, 51, 63, 65, 69, 71
Udo Haafke, Ratingen: S. 41, 43, 49, 53, 55, 61
Roland Schick, Innsbruck: S. 13, 29, 33, 45, 79
Kurt Schubert, Prien am Chiemsee: Titel, S. 1, 5, 23, 37, 75
Ernst Wrba, Sulzbach am Taunus: S. 11, 15, 21, 57, 59, 67, 73

Seitenlayout, Satz und herstellerische Betreuung:
Impressum GmbH, München
Lithographie: reproteam siefert, Ulm
Druck und Bindung: BAWA Print & Partner GmbH

ISBN: 3-475-53138-0